초등영어 리딩이 된다 Basic 3

지은이	NE능률 영어교육연구소
선임연구원	김지현
연구원	서수진 송민아 정희은
영문교열	August Niederhaus MyAn Thi Le Nathaniel Galletta
디자인	(주)홍당무
내지 일러스트	곽호명 김은미 김현수 민병권 베로니카 안홍준 양종은 임현진 조화평

Photo Credits   Shutterstock

SINCE 1980
Let's grow together

NE능률이
미래를
창조합니다.

건강한 배움의 고객가치를 제공하겠다는 꿈을 실현하기 위해
40년이 넘는 시간 동안 열심히 달려왔습니다.

앞으로도 끊임없는 연구와 노력을 통해
당연한 것을 멈추지 않고

고객, 기업, 직원 모두가 함께 성장하는 NE능률이 되겠습니다.

NE 능률

초등영어

리딩이 된다

Basic 3

초등영어 리딩이 된다 로 공부하면?

1 학교에서 배운 지식을 바탕으로 영어 독해를 할 수 있습니다.

영어를 언어 그 자체로 익히기 위해서는 '내용 중심'의 접근이 중요합니다. 〈초등 영어 리딩이 된다〉
시리즈는 우리나라 초등학교 교과과정을 바탕으로 소재를 구성하였습니다. 이 책으로 학생들은
이미 알고 있는 친숙한 소재를 통해 영어를 더욱 재미있고 효과적으로 학습할 수 있을 뿐 아니라
교과 지식과 관련된 영어를 자연스럽게 습득할 수 있습니다.

2 통합교과적 사고를 키울 수 있습니다.

초등학생들은 학교에서 국어, 영어, 사회, 과학 등의 과목을 따로 분리하여 배웁니다. 하지만
실생활에서는 학교에서 공부하는 교과 지식이 모두 연관되어 있습니다. 따라서 교과 간의 단절된
지식이 아닌, 하나의 주제를 다양한 교과목의 관점에서 생각할 수 있는 '통합교과적 사고'를 기르는
것이 중요합니다. 〈초등 영어 리딩이 된다〉 시리즈는 하나의 대주제를 중심으로 다양한 교과를
연계하여, 영어를 배우면서 동시에 통합적 사고를 키울 수 있습니다.

3 4차 산업혁명의 키워드인 '컴퓨팅 사고력'도 함께 기를 수 있습니다.

최근 4차 산업혁명과 함께 코딩 교육을 향한 관심이 높아지고 있습니다. 이러한 트렌드의 핵심은
단순히 코딩 기술을 익히는 것이 아닌, 컴퓨팅 사고력과 창의성을 통해 주어진 문제의 본질을
파악하고 이를 해결하는 능력을 기르는 것입니다. 〈초등 영어 리딩이 된다〉 시리즈는 매 Unit의
Brain Power 코너를 통해 배운 내용을 정리하는 동시에 컴퓨팅 사고력을 기를 수 있도록
구성하였습니다.

초등영어 리딩이 된다 이렇게 공부하세요.

1. 자신 있게 학습할 수 있는 단계를 선택해요.

〈초등 영어 리딩이 된다〉 시리즈는 학생 개인의 영어 실력에 따라 단계를 선택하여 학습할 수 있는 교재입니다. 각 권별 권장 학년에 맞춰 교재를 선택하거나, 레벨 테스트를 통하여 자신의 학습 상황에 맞는 교재를 선택해 보세요. NE능률 교재 홈페이지 www.nebooks.co.kr 에 접속해서 레벨 테스트를 무료로 응시할 수 있습니다.

2. 학습 플랜을 짜보아요.

책의 7쪽에 있는 학습 플랜을 참고해서 학습 계획표를 짜 보세요. 한 개 Unit을 이틀에 나눠서 학습하는 24일 완성 플랜과, 하루에 한 개 Unit을 학습하는 12일 완성 플랜 중 꼭 지킬 수 있는 플랜을 선택하여 계획을 세우고, 실천해 보세요!

3. 다양한 주제에 관한 생각을 키워요.

Chapter나 Unit을 시작할 때마다 주제에 관해 생각해볼 수 있는 다양한 질문이 수록되어 있습니다. 꼭 영어로 대답하지 않아도 좋아요. 리딩 주제에 대해 다양한 관점에서 생각해보며 배경지식을 활성화시키고 학습에 대한 집중도와 이해도를 더 높일 수 있습니다.

4. 리딩에 나올 단어들을 미리 암기해요.

〈초등 영어 리딩이 된다〉 시리즈는 본격적인 리딩을 시작하기 전, 리딩에 나오는 단어들을 먼저 학습할 수 있도록 구성되어 있습니다. QR코드를 스캔하여 단어를 듣고 따라 써보세요. 단어를 암기한 후 리딩을 시작하면 리딩 내용에 집중하는 데 큰 도움이 됩니다. 책 뒷부분에 붙어 있는 단어장을 평소에 들고 다니며 외워도 좋아요!

5. 무료 온라인 부가자료를 활용해요.

영어는 반복이 중요합니다. NE능률 교재 홈페이지 www.nebooks.co.kr 에서 제공되는 통문장 워크시트, 직독직해 워크시트, 어휘 테스트지를 활용하여 배운 내용을 복습해 보세요.

STEP 01 Ready

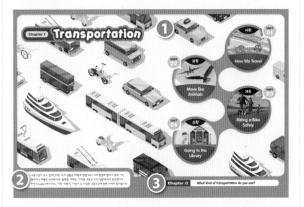

① 하나의 대주제로 과목들이 어떻게 연계되어 있는지 한눈에 파악할 수 있습니다.

② 본격적인 학습 전 Chapter의 대주제와 관련된 설명을 읽고 Chapter에서 배울 내용을 파악할 수 있습니다.

③ Chapter 대주제와 관련된 질문에 답하며 뒤에 이어질 내용을 생각해봅니다.

STEP 02 Words

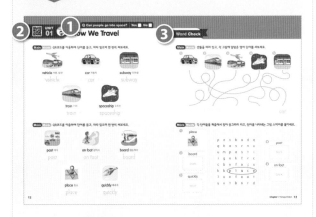

Unit의 새로운 단어를 배우고 재미있는 활동으로 단어를 익힐 수 있습니다.

① Unit과 관련된 질문에 답하며 뒤에 이어질 내용을 생각해봅니다.

② QR코드를 스캔하여 단어를 듣고 따라 읽어 본 후, 삼선에 맞추어 단어를 바르게 써보는 훈련을 합니다.

③ 퍼즐이나 스티커 활동 등을 통해 단어를 정확히 알고 있는지 확인합니다. *책 뒤편의 스티커를 이용해보세요.

STEP 05 Wrap UP!

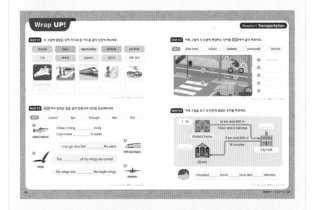

한 Chapter가 끝나면 Wrap UP! 문제를 통해 다시 한번 Chapter의 내용을 복습합니다.

+a추가 학습자료 Workbook

매 Unit 학습 후 Workbook으로 단어와 패턴을 복습할 수 있습니다.

STEP 03 Reading

Unit에서 새롭게 배울 이야기를 읽고 확인 문제를 풀어봅니다.

❶ 이야기와 관련된 음악이나 영상 QR코드가 있는 경우 먼저 감상합니다.

❷ QR코드를 스캔하여 이야기를 듣고 따라 읽어봅니다.

❸ 이야기에서 자주 쓰인 패턴을 배우고, 이야기 속에서 해당 패턴을 찾아봅니다. 추가 예문을 통해 다양한 예시도 배웁니다.

❹ 이야기와 관련된 배경지식을 쌓을 수 있습니다.

❺ 주제 찾기, OX 문제, Graphic Organizer 등을 풀며 앞서 배운 내용을 정리합니다.

STEP 04 Brain Power

재미있는 퀴즈를 풀며 코딩을 위한 컴퓨팅 사고력을 기르고 Unit에서 배운 내용을 점검합니다.

*책 뒤편의 스티커를 이용해보세요.

❶ QR코드를 스캔하면 각 문제에 관한 힌트 영상을 볼 수 있습니다.

별책부록 – 단어장

학습이 끝나도 언제 어디서나 그림과 함께 단어를 복습할 수 있습니다.

모바일 Teaching Guide

QR코드를 스캔하면 선생님 또는 학부모가 학생을 지도하는 데 유용한 Teaching Tips, 배경지식, 관련 영상 등을 활용할 수 있습니다.

무료 부가서비스

- 온라인 레벨테스트
- 직독직해 워크시트
- 통문장 워크시트
- 어휘 테스트지

www.nebooks.co.kr 에서 다운로드하세요!

목차

부록

· 스티커   · 단어장
· Workbook / 정답 및 해설 (책속책)

24일 완성

하루에 Main Book 한 개 Unit을 학습하고
다음 날 Workbook 및 온라인 부가자료로 복습하는 구성입니다.

Chapter	Unit	학습 분량	학습 날짜	학습 분량	학습 날짜
Chapter 1	Unit 01	1일차 Main Book	__월 __일	2일차 Workbook	__월 __일
	Unit 02	3일차 Main Book	__월 __일	4일차 Workbook	__월 __일
	Unit 03	5일차 Main Book	__월 __일	6일차 Workbook	__월 __일
	Unit 04	7일차 Main Book	__월 __일	8일차 Workbook	__월 __일
Chapter 2	Unit 01	9일차 Main Book	__월 __일	10일차 Workbook	__월 __일
	Unit 02	11일차 Main Book	__월 __일	12일차 Workbook	__월 __일
	Unit 03	13일차 Main Book	__월 __일	14일차 Workbook	__월 __일
	Unit 04	15일차 Main Book	__월 __일	16일차 Workbook	__월 __일
Chapter 3	Unit 01	17일차 Main Book	__월 __일	18일차 Workbook	__월 __일
	Unit 02	19일차 Main Book	__월 __일	20일차 Workbook	__월 __일
	Unit 03	21일차 Main Book	__월 __일	22일차 Workbook	__월 __일
	Unit 04	23일차 Main Book	__월 __일	24일차 Workbook	__월 __일

12일 완성

하루에 Main Book 한 개 Unit을 학습하고 Workbook으로 정리하는 구성입니다.
온라인 부가자료를 다운받아 추가로 복습할 수 있습니다.

Chapter 1

1일차 Unit 01	2일차 Unit 02
__월 __일	__월 __일
3일차 Unit 03	4일차 Unit 04
__월 __일	__월 __일

Chapter 2

5일차 Unit 01	6일차 Unit 02
__월 __일	__월 __일
7일차 Unit 03	8일차 Unit 04
__월 __일	__월 __일

Chapter 3

9일차 Unit 01	10일차 Unit 02
__월 __일	__월 __일
11일차 Unit 03	12일차 Unit 04
__월 __일	__월 __일

단계	Chapter	대주제	Unit	제목	연계 과목	초등 교육과정 내용 체계	
						영 역	핵심 개념
Basic 1 (50 words) 초등 3-4학년	1	Animals	1	Lovely Animals	도덕	자연·초월과의 관계	책임
			2	At the Zoo	과학	생명의 연속성	진화와 다양성
			3	Animal Songs	음악	감상	음악 요소와 개념
			4	How Many Legs Are There?	수학	수와 연산	수의 연산
	2	Recycling	1	Let's Recycle!	도덕	자연·초월과의 관계	책임
			2	I Love Upcycling	실과	자원 관리와 자립	관리
			3	Beautiful Music	음악	표현	음악의 표현 방법
			4	Make a Graph	수학	자료와 가능성	자료 처리
	3	Traditions	1	Old Games, New Games	사회	사회·경제사	전통문화
			2	Neolttwigi Is Fun!	과학	힘과 운동	힘
			3	A Famous Picture	미술	감상	이해
			4	Let's Go to a Market!	수학	규칙성	규칙성과 대응
Basic 2 (60 words) 초등 3-4학년	1	The Moon	1	It Is Chuseok	사회	사회·경제사	전통문화
			2	Friends in Space	과학	우주	태양계의 구성과 운동
			3	Beautiful Moonlight	음악	감상	음악의 배경
			4	Two Different Moons	수학	도형	평면도형
	2	Family	1	Small Family, Large Family	사회	사회·경제사	가족 제도
			2	We Work Together	실과	인간 발달과 가족	관계
			3	Van Gogh's Special Family	미술	감상	이해
			4	Happy Birthday!	수학	규칙성	규칙성과 대응
	3	Food	1	Where Do These Fruits Come From?	사회	장소와 지역	공간관계
			2	Popcorn Pops!	과학	물질의 성질	물질의 상태
			3	Delicious Art	미술	표현	발상
			4	Let's Cook!	수학	측정	양의 측정

단계	Chapter	대주제	Unit	제목	연계 과목	초등 교육과정 내용 체계	
						영 역	핵심 개념
Basic 3 (70 words) 초등 3-4학년	1	Transportation	1	How We Travel	사회	인문 환경과 인간 생활	경제활동의 지역구조
			2	Move like Animals	과학	생명 과학과 인간의 생활	생명공학기술
			3	Riding a Bike Safely	체육	안전	안전 의식
			4	Going to the Library	수학	측정	양의 측정
	2	The Sea	1	Life in a Fishing Village	사회	장소와 지역	장소
			2	A Story of the Sea	과학	대기와 해양	해수의 성질과 순환
			3	A Painting of the Sea	미술	표현	발상
			4	Waste Shark	실과	기술활용	혁신
	3	Diamonds	1	Why Are Diamonds So Special?	사회	경제	경제생활과 선택
			2	I Am Stronger Than You	과학	물질의 성질	물리적 성질과 화학적 성질
			3	Diamonds in Cities	미술	체험	연결
			4	Triangles in a Diamond	수학	도형	평면도형
Basic 4 (80 words) 초등 3-4학년	1	Bees	1	The Three Types of Honeybees	과학	생명의 연속성	생식
			2	Making Choices Together	사회	정치	민주주의와 국가
			3	A Bee in Music	음악	감상	음악의 요소와 개념
			4	Strong Honeycombs	수학	도형	평면도형
	2	Light	1	Why We Need Light	과학	파동	파동의 성질
			2	We Want Sleep!	사회	정치	민주주의와 국가
			3	Is It Day or Night?	미술	감상	이해
			4	Which Travels Faster?	수학	수와 연산	수의 연산
	3	Earthquakes	1	What Is an Earthquake?	과학	고체지구	판구조론
			2	Earthquakes around Us	사회	자연 환경과 인간 생활	자연 – 인간 상호작용
			3	Earthquake Safety Rules	체육	안전	안전 의식
			4	Helpful Technology	실과	기술활용	혁신

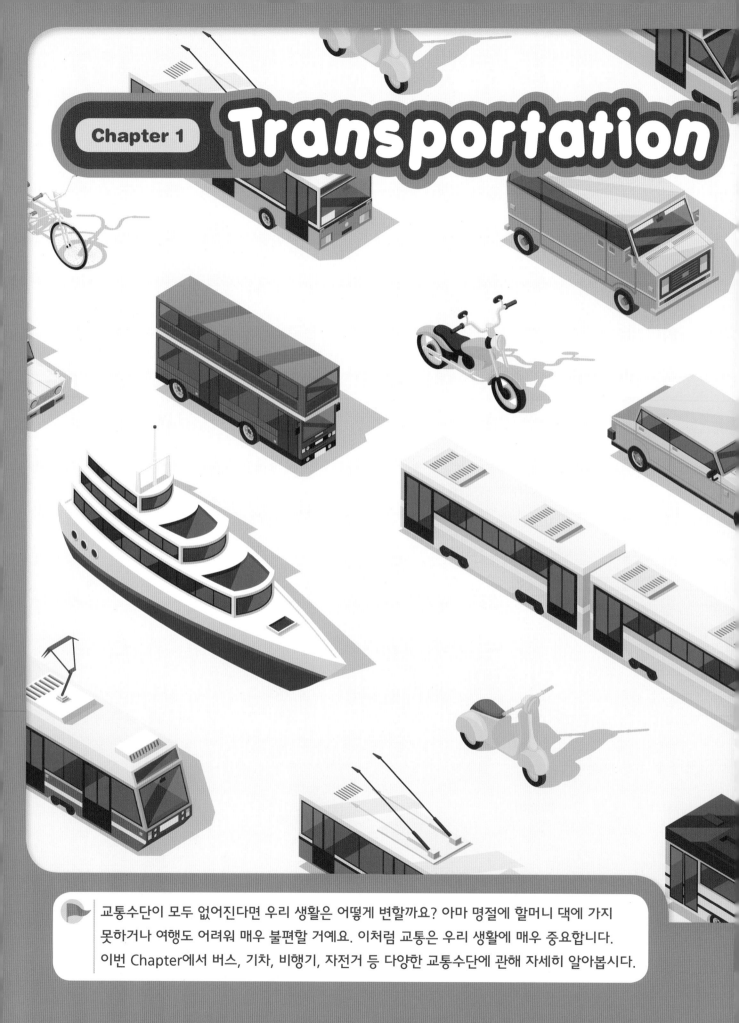

Chapter 1 Transportation

교통수단이 모두 없어진다면 우리 생활은 어떻게 변할까요? 아마 명절에 할머니 댁에 가지
못하거나 여행도 어려워 매우 불편할 거예요. 이처럼 교통은 우리 생활에 매우 중요합니다.
이번 Chapter에서 버스, 기차, 비행기, 자전거 등 다양한 교통수단에 관해 자세히 알아봅시다.

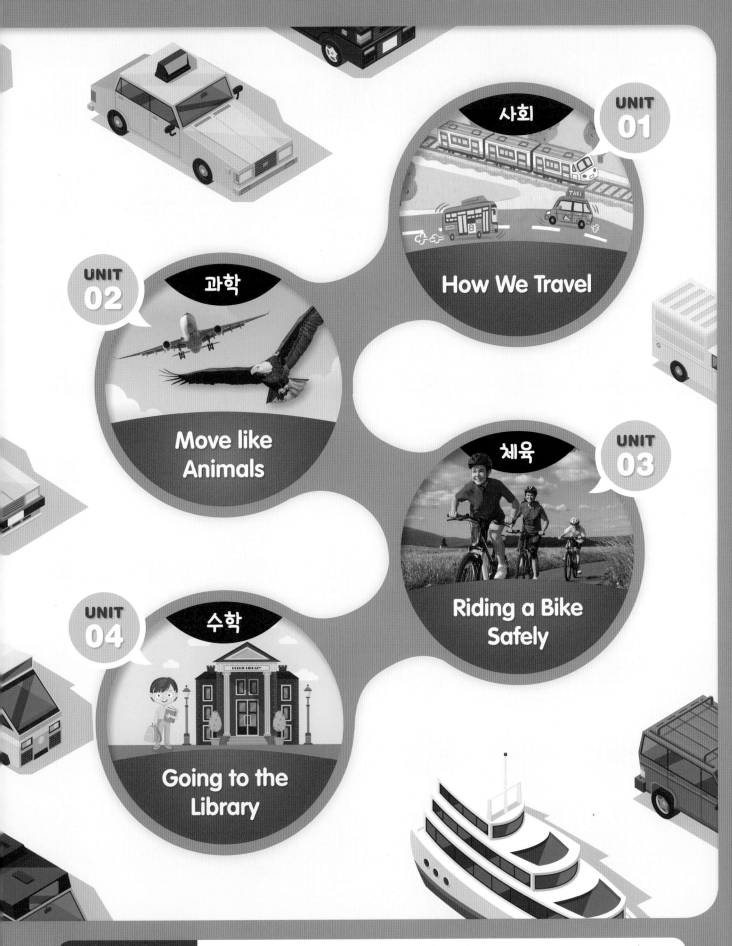

사회

UNIT 01

How We Travel

UNIT 02

과학

Move like Animals

UNIT 03

체육

Riding a Bike Safely

UNIT 04

수학

Going to the Library

Chapter Q   **What kind of transportation do you use?**

UNIT 01 사회

Q Can people go into space? Yes ☐ No ☐

How We Travel

Main Words QR코드를 이용하여 단어를 듣고, 따라 읽으며 한 번씩 써보세요.

vehicle 차량, 탈것

vehicle

car 자동차

car

subway 지하철

subway

train 기차

train

spaceship 우주선

spaceship

More Words QR코드를 이용하여 단어를 듣고, 따라 읽으며 한 번씩 써보세요.

past 과거

past

on foot 걸어서

on foot

board 탑승하다

board

place 장소

place

quickly 빠르게

quickly

Main Words 선들을 따라 잇고, 각 그림에 알맞은 영어 단어를 써보세요.

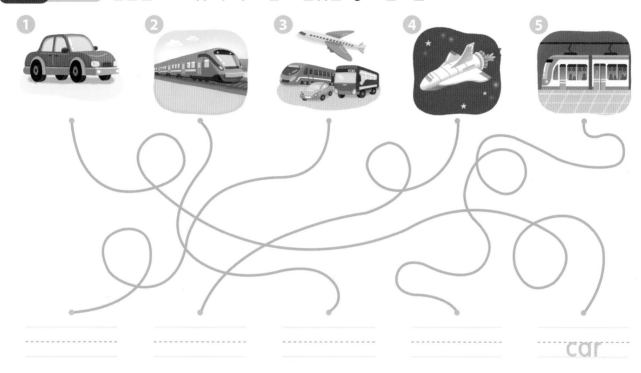

① ② ③ ④ ⑤

------- ------- ------- ------- car

More Words 각 단어들을 퍼즐에서 찾아 동그라미 치고, 단어를 나타내는 그림 스티커를 붙이세요.

① place

② board

Stick

③ quickly

Stick

p	a	s	b	a	d	q
q	b	a	s	r	n	u
u	m	p	a	s	t	i
i	g	o	k	f	r	c
c	b	y	f	u	j	u
k	b	p	l	a	c	e
l	o	n	f	o	o	t
y	u	t	b	o	r	d

④ past

Stick

⑤ on foot

Stick

지문을 듣고
따라 읽어보세요.

How We Travel

How did people travel in the past?

They traveled to other cities on foot.

They traveled to other countries too.

How?

They boarded ships.

And they traveled for days or even months!

Pattern Check

위 글에서 아래 패턴을 찾아 □ 표시하세요.

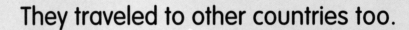

They traveled to ~.

그들은 ~로 이동[여행]했습니다.

아래 예문을 큰 소리로 따라 읽어보세요.

A: Where did they travel?
그들은 어디로 이동했나요?

B: **They traveled to** other countries.
그들은 다른 나라로 이동했습니다.

How do we travel today?

We have many vehicles today.

We travel by car, subway, train, or airplane.

We can go to many places very quickly.

Some people board spaceships.

And they travel to space!

앞으로 서울까지 30일 남았습니다!
옛날에는 서울에서 부산까지 걸어서 무려 30일이나 걸렸다고 해요. 많은 짐을 지고
갈 수도 없었고, 날씨가 좋지 않으면 가던 길을 멈추고 기다려야만 했죠. 오늘날에는 버스,
기차, 배, 비행기 등 편리한 교통수단이 많아요. 심지어 KTX를 타면 서울에서 부산까지
2시간 40분이면 갈 수 있죠. 미래에는 달로 소풍을 다녀올 수 있지 않을까요?

1 무엇에 관한 이야기인가요?

❶ many vehicles of the past

❷ traveling to space

❸ transportation in the past and today

2 문장을 읽고 맞으면 O, <u>틀리면</u> X에 ∨ 표시하세요.

	O	X
ⓐ In the past, people traveled to other cities on foot.	☐	☐
ⓑ Today, there are many vehicles.	☐	☐

Graphic Organizer 보기 에서 알맞은 말을 골라 빈칸을 완성하세요.

| 보기 | ship | quickly | on foot | spaceship |

In the past	Today
People traveled to other cities _____.	People can go to many places very _____.
People traveled to other countries by _____.	Some people travel to space by _____.

QR 찍고 힌트 보기

Brain Power

흥미로운 미션을 풀고
코딩을 위한 **사고력**도 길러보세요!

절차적 사고력

아래 알파벳 지도에는 도착지까지 가는 길이 숨겨져 있습니다. 각 그림 힌트 를 보고 지도에서 단어를 찾아 도착지까지 가는 길을 표시하세요.

힌트

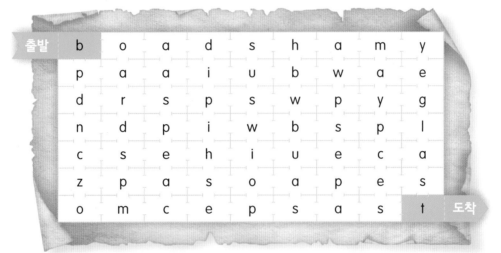

출발									
b	o	a	d	s	h	a	m	y
p	a	a	i	u	b	w	a	e
d	r	s	p	s	w	p	y	g
n	d	p	i	w	b	s	p	l
c	s	e	h	i	u	e	c	a
z	p	a	s	o	a	p	e	s
o	m	c	e	p	s	a	s	t	도착

문제 해결력

총 26명의 학생들이 여행을 다녀왔습니다. 다음 설명을 읽고 빈칸에 알맞은 학생들의 수를 써보세요.

- Half of the students traveled to America or China by airplane.
- 6 students traveled to America by airplane.
- 5 students traveled to China by ship.
- ☐ students traveled to Busan by train.

| Busan ___ students | China ___ students | America _6_ students |
| ship ___ students | airplane ___ students | train ___ students |

Q What animals do airplanes look like?

Move like Animals

Main Words QR코드를 이용하여 단어를 듣고, 따라 읽으며 한 번씩 써보세요.

copy 따라하다

copy

feature 특징

feature

eagle 독수리

eagle

tip 끝 부분

tip

curved 구부러진

curved

More Words QR코드를 이용하여 단어를 듣고, 따라 읽으며 한 번씩 써보세요.

life 생활

life

thin 얇은

thin

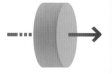

through ~을 통과해

through

wind 바람

wind

easily 쉽게

easily

Word Check

Main **Words** 그림을 보고 빈칸에 알맞은 알파벳을 [보기] 에서 골라 단어를 완성하고, 알맞은 뜻의 스티커를 붙여 보세요.

[보기]   r   y   a   f   e   ~~t~~   v   u   c   p

1. t i p — 끝 부분
2. □ op □ — Stick
3. □ □ gle — Stick
4. cu □ □ ed — Stick
5. □ eat □ re — Stick

More **Words** 각 그림에 맞는 단어와 뜻을 연결해 보세요.

thin   wind   life   easily   through

바람   ~을 통과해   쉽게   얇은   생활

Move like Animals

People sometimes copy animals' shapes and features.

You can see them in everyday life.

Look at the *cherry salmon.

They have long, thin bodies.

So they can move fast in water.

*cherry salmon 산천어

The KTX-Sancheon trains look like these fish.

산천

So they can go very fast through the wind.

Pattern Check

위 글에서 아래 패턴을 찾아 □ 표시하세요.	아래 예문을 큰 소리로 따라 읽어보세요.
They can ~. 그들은 ~(할) 수 있습니다.	**They can** fly high. 그들은 높게 날 수 있습니다. **They can** make a cake. 그들은 케이크를 만들 수 있습니다.

Look at the eagles.

The tips of eagle wings are curved.

So eagles can move easily in the air.

Airplane wings are curved like eagle wings.

So airplanes can fly better.

넌 누굴 닮았니?

우리 주변에는 자연으로부터 영감을 받은 사물들이 많아요. **KTX 산천**은 토종 물고기인 산천어를 본떠 만들어졌어요. 산천어는 매끄러운 유선형의 몸체를 가지고 있어 물의 저항을 이겨내면서 빠르게 헤엄쳐요. **비행기의 날개 끝**에는 독수리의 꺾이는 날개의 끝에서 영감을 받은 윙렛이 달려 있어요. 윙렛이 날개 뒤에서 발생하는 소용돌이를 줄여 연료가 절약된답니다.

1 무엇에 관한 이야기인가요?

① copying the shapes of animals　　　**②** Korean trains and airplanes

③ the strong wings of eagles

2 문장을 읽고 맞으면 O, <u>틀리면</u> X에 √ 표시하세요.

	O	X
ⓐ The KTX-Sancheon trains look like airplanes.	☐	☐
ⓑ Airplane wings are curved like eagle wings.	☐	☐

Graphic **Organizer** 보기 에서 알맞은 말을 골라 빈칸을 완성하세요.

| 보기 | look | tips | wind | curved | bodies |

- They have long, thin _____.

- The _____ of their wings are curved.

- They _____ like the fish.
- They can go very fast through the _____.

- Their wings are _____ like eagle wings.
- They can fly better.

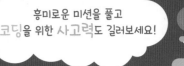

Brain Power

  QR 찍고 힌트 보기

흥미로운 미션을 풀고
코딩을 위한 **사고력**도 길러보세요!

1 절차적 사고력

힌트를 참고하여 ⓐ~ⓒ의 암호문을 해독하고 빈칸을 채워보세요. 그리고
ⓓ의 암호문은 직접 만들어 보세요.

힌트

	1	2	3	4	5
1	a	b	c	d	e
2	f	g	h	i	j
3	k	l	m	n	o
4	p	q	r	s	t
5	u	v	w	x	y

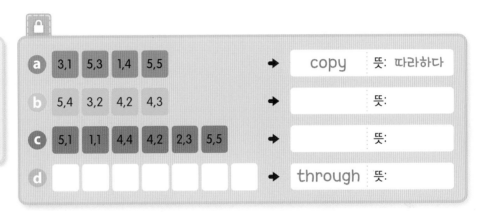

ⓐ 3,1 5,3 1,4 5,5 ➡ copy   뜻: 따라하다

ⓑ 5,4 3,2 4,2 4,3 ➡ 뜻:

ⓒ 5,1 1,1 4,4 4,2 2,3 5,5 ➡ 뜻:

ⓓ ☐ ☐ ☐ ☐ ☐ ☐ ☐ ☐ ➡ through 뜻:

2 논리적 사고력

아래는 동식물의 특징을 본떠 만든 사물에 관한 정보입니다. **단서**를 참고하여
♥, ●, ■, ▲, ★, ▼ 이 각각 무엇인지 찾아 알맞은 스티커를 붙여보세요.

단서

- ♥ is a plant.
- ■ looks like ♥.
- ● lives in the sea.
- ★ is a ship.
- ▼ looks like ▲.
- ▲ can fly.

ⓐ ★ Stick → looks like → Stick

ⓑ Stick → looks like → ▲ Stick

ⓒ Stick → looks like → Stick

UNIT 03 체육

Q Do you like riding a bike? Yes ☐ No ☐

Riding a Bike Safely

Main Words QR코드를 이용하여 단어를 듣고, 따라 읽으며 한 번씩 써보세요.

ride 타다

ride

bicycle / bike 자전거

bicycle bike

safety 안전 **참고** **safely** 안전하게

safety

follow 따르다

follow

More Words QR코드를 이용하여 단어를 듣고, 따라 읽으며 한 번씩 써보세요.

brake 브레이크

brake

wheel 바퀴

wheel

helmet 헬멧

helmet

bike lane 자전거 도로

bike lane

crosswalk 횡단보도

crosswalk

important 중요한

important

24

Word Check

Main Words 선들을 따라 잇고, 각 그림에 알맞은 영어 단어를 써보세요.

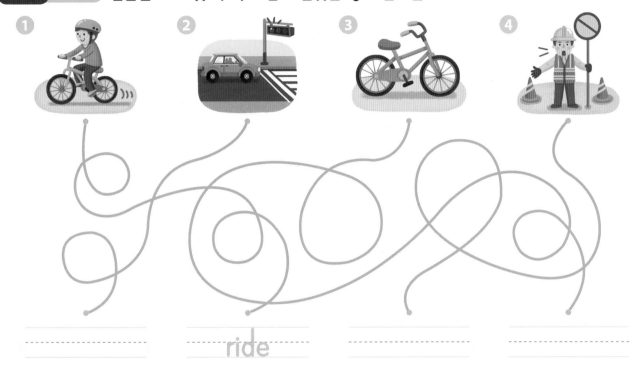

① _____

② ride

③ _____

④ _____

More Words 각 단어들을 퍼즐에서 찾아 동그라미 치고, 단어를 나타내는 그림 스티커를 붙이세요.

① helmet

② wheel

Stick

③ important

Stick

h	e	l	m	b	e	t
b	r	a	k	e	c	i
i	h	a	k	c	r	m
k	k	w	h	r	o	p
e	i	h	e	a	s	o
l	x	i	l	s	s	r
a	p	r	m	w	w	t
n	k	a	e	k	a	a
e	a	u	t	b	l	n
w	h	e	e	l	k	t

④ brake

Stick

⑤ crosswalk

Stick

⑥ bike lane

Stick

Riding a Bike Safely

Riding a bicycle is fun.

But do you ride your bike safely?

Here are some bike safety rules.

Let's check them!

Pattern Check

위 글에서 아래 패턴을 찾아 □ 표시하세요.

Don't ~.
~하지 마세요.

아래 예문을 큰 소리로 따라 읽어보세요.

Don't move.
움직이지 마세요.

Don't be afraid.
무서워하지 마세요.

Bike Safety Rules

O X

1. Check the brakes and wheels before riding.

2. Wear a helmet.

3. Don't use your phone while riding.

4. Use bike lanes.

5. Don't ride your bicycle on crosswalks.

How many rules do you follow?

Every rule is important.

Follow them and enjoy riding your bike safely.

잠깐! 자전거 안전하게 타고 있나요?

자전거는 조심하지 않으면 언제든지 큰 사고로 이어질 수 있어요. 그러므로 평소 안전 규칙을 잘 지키고 있는지 확인해보세요. 안장의 높이는 양쪽 발의 발가락 끝이 바닥에 닿은 정도가 적절해요. 또한 어두운 저녁에는 자전거가 잘 보이지 않아요. 그렇기 때문에 밝은색 옷을 입고 안전등을 켜서 자전거가 있다는 것을 알려야 해요. 무리한 속도 경쟁도 참아주세요!

1 무엇에 관한 이야기인가요?

① crosswalk safety   **②** bicycle safety rules   **③** wearing a helmet

2 문장을 읽고 맞으면 O, <u>틀리면</u> X에 V 표시하세요.

	O	X
ⓐ We should not use our phones while riding bicycles.	☐	☐
ⓑ We should ride bicycles on crosswalks.	☐	☐

Graphic Organizer 보기 에서 알맞은 말을 골라 빈칸을 완성하세요.

보기   phone   brakes   wear   crosswalks   lanes

| Bike Safety Rules

① Check the _____ and wheels before riding.

② _____ a helmet.

③ Don't use your _____ while riding.

④ Use bike _____.

⑤ Don't ride your bicycle on _____.

Brain Power

흥미로운 미션을 풀고 코딩을 위한 사고력도 길러보세요!

절차적 사고력

단어의 빈칸에 들어갈 알파벳을 채워 넣으세요. 그리고 숫자에 맞게 그 알파벳을 아래 빈칸에 넣어 메시지를 완성해보세요.

R [I]¹ E [ ] → 타다   [ ]³ I K E → 자전거

W [ ]⁴ E E L → 바퀴   S [ ]⁵ F E [ ]⁶ [ ]⁷ → 안전

I M [ ]⁸ O R T A N T → 중요한

C [ ]⁹ O S S W [ ]¹⁰ L K → 횡단보도

[ ]⁴ [ ]⁵ [ ]⁸ [ ]⁸ [ ]⁷   [ ]³ [I] [ ]⁹ [ ]⁶ [ ]⁴ [ ]² [ ]¹⁰ [ ]⁷ !

문제 해결력

네 명의 학생들이 안전 규칙을 지키지 않고 자전거를 타고 있습니다. 각 학생들이 받게 될 총 벌점을 쓰고, 가장 많은 벌점을 받은 학생을 찾아 보세요.

Rule	Points
Riding a bike on crosswalks	5
Not wearing a helmet	7
Using a phone while riding	10

이름	벌점
Yumi	
Luke	
Ria	
Ben	

가장 많은 벌점을 받은 학생 : _____

Q Do you often take buses? Yes ☐ No ☐

Going to the Library

Main Words QR코드를 이용하여 단어를 듣고, 따라 읽으며 한 번씩 써보세요.

distance 거리

distance

km (kilometer) 킬로미터

kilometer

m (meter) 미터

meter

hour 시간

hour

minute 분

minute

trip 여행; *여정

trip

More Words QR코드를 이용하여 단어를 듣고, 따라 읽으며 한 번씩 써보세요.

library 도서관

library

get off ~에서 내리다

get off

City Hall 시청

City Hall

worth ~할 가치가 있는

worth

Main Words 그림을 보고 빈칸에 알맞은 알파벳을 보기 에서 골라 단어를 완성하고, 알맞은 뜻의 스티커를 붙여 보세요.

보기   d   u   r   h   n   m   s   o   p   t

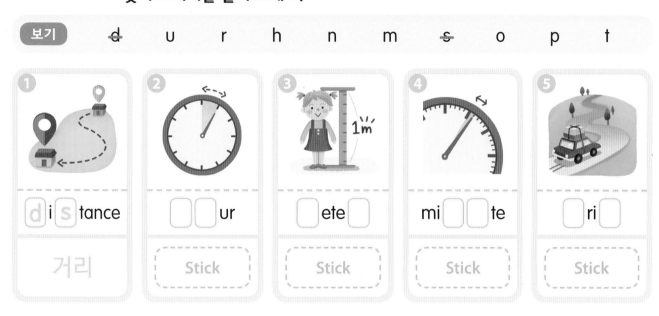

1. d i s tance
거리

2. ☐☐ur
Stick

3. ☐ete☐
Stick

4. mi☐☐te
Stick

5. ☐ri☐
Stick

More Words 각 그림에 맞는 단어와 뜻을 연결해 보세요.

library

get off

City Hall

worth

~할 가치가 있는

~에서 내리다

도서관

시청

지문을 듣고
따라 읽어보세요.

Going to the Library

Today, Minho went to the library.

Minho

First, he took the bus at 1:10.

He got off at City Hall.

The **distance** was 16 km and 400 m.

It took an **hour** and 6 **minutes**.

Minho's home

1:10

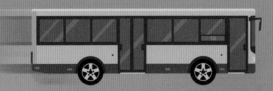

City Hall

16 km 400 m / 1 hour 6 minutes

Pattern Check

위 글에서 아래 패턴을 찾아 ☐ 표시하세요.

It took ~.

(시간이) ~ 걸렸습니다.

아래 예문을 큰 소리로 따라 읽어보세요.

A: How long was the concert?
음악회는 얼마나 걸렸습니까?

B: **It took** two hours.
두 시간 걸렸습니다.

Then Minho took the subway.

He got off at the library.

The distance was 3 km and 600 m.

It took 14 minutes.

The trip was long, but worth it!

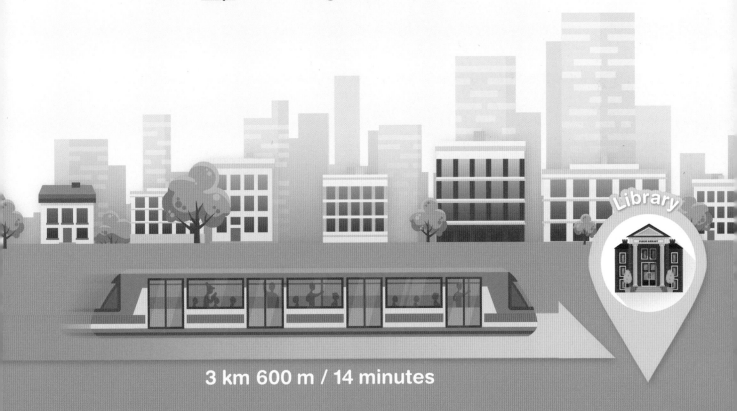

3 km 600 m / 14 minutes

무려 120년 전부터 대중교통이 있었다고?
우리나라 최초의 대중교통 수단은 오늘날의 청량리와 서대문 사이를 오가던 '전차'예요.
전차는 전기의 힘으로 이동하는 교통수단이에요. 1899년에 운행이 시작됐고, 시속 20km
정도로 달릴 수 있었어요. 당시에는 전기가 제대로 보급되기도 전이라 사람들이 이 전차를
매우 신기하게 생각했대요. 전차를 타보러 지방에서 서울에 찾아가는 사람도 있었다네요!

1 무엇에 관한 이야기인가요?

① visiting Minho's home   ② buses and subways

③ a trip to the library

2 문장을 읽고 맞으면 O, <u>틀리면</u> X에 ∨ 표시하세요.

	O	X
ⓐ Minho got off the bus at City Hall at 2:16.	☐	☐
ⓑ Minho took the subway and got off at the library.	☐	☐

Graphic Organizer 보기 에서 알맞은 말을 골라 빈칸을 완성하세요.

보기   library   bus   subway   City Hall

① Minho took the _____.

He got off at _____.

② Minho took the _____.

He got off at the _____.

- **distance:** 16 km and 400 m

- **time:** 1 hour and 6 minutes

- **distance:** 3 km and 600 m

- **time:** 14 minutes

Brain Power

흥미로운 미션을 풀고
코딩을 위한 사고력도 길러보세요!

1 절차적 사고력

아래 알파벳 카드는 어떤 규칙에 따라 다른 알파벳으로 바뀝니다. 힌트 에서 규칙을 찾아 빈칸을 모두 채우고 완성된 단어와 그 뜻을 써보세요.

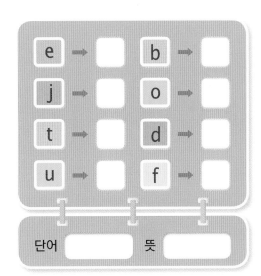

2 문제 해결력

Ben은 집에서 출발하여 학교와 도서관을 거쳐 Julie의 집으로 놀러갔습니다. 힌트 를 참고하여 Ben이 이동한 총 거리와 시간을 숫자로 써보세요.

힌트
1 시청에서 Julie의 집까지 가는 거리는 1km 500m입니다.
2 Ben은 20분에 400m씩 걷습니다.

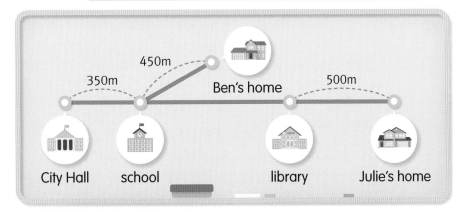

The distance was ☐ km and ☐ m.
It took ☐ hour(s) and ☐ minutes.

Wrap UP!

Unit 01 각 그림에 알맞은 단어 카드와 뜻 카드를 골라 빈칸에 써보세요.

board	train	~~spaceship~~	vehicle	on foot
기차	~~우주선~~	탑승하다	걸어서	차량, 탈것

spaceship
우주선

기억이 안 난다면? 12쪽으로 이동하세요.

Unit 02 보기 에서 알맞은 말을 골라 말풍선의 빈칸을 완성해보세요.

보기   curved   tips   through   thin   fast

1 cherry salmon

I have a long, _____ body.
I can move _____ in water.

2 KTX-Sancheon

I can go very fast _____ the wind.

3 eagle

The _____ of my wings are curved.

4 airplane

My wings are _____ like eagle wings.

기억이 안 난다면? 18쪽으로 이동하세요.

36

Unit 03 아래 그림의 각 부분에 해당하는 단어를 보기 에서 골라 써보세요.

보기   bike lane   wheel   ~~helmet~~   crosswalk   bicycle

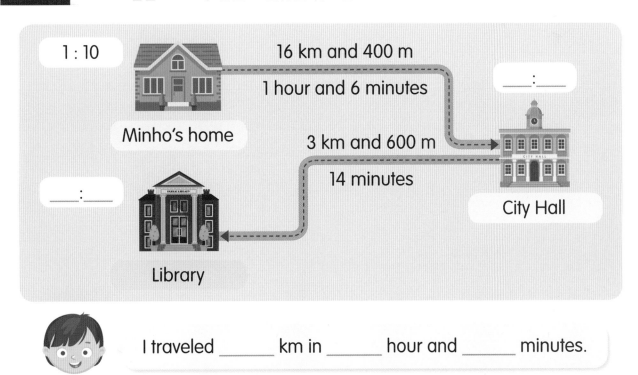

① helmet

②

③

④

⑤

기억이 안 난다면? 24쪽으로 이동하세요.

Unit 04 아래 그림을 보고 각 빈칸에 알맞은 숫자를 써보세요.

1 : 10

Minho's home

16 km and 400 m

1 hour and 6 minutes

____ : ____

City Hall

3 km and 600 m

14 minutes

____ : ____

Library

I traveled _____ km in _____ hour and _____ minutes.

기억이 안 난다면? 30쪽으로 이동하세요.

화살표에서 시작하여 보물상자까지 가는 길을 찾아보세요.

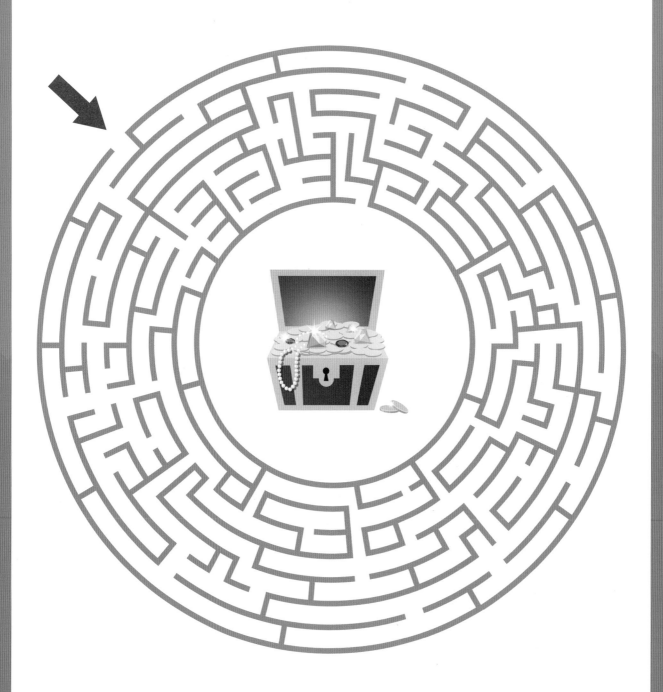

빨간 자동차와 파란 자동차가 목적지에 도착할 수 있도록 길을
찾아보세요. (단, 도로의 빨간 구역은 교통량이 많으니 피하세요.)

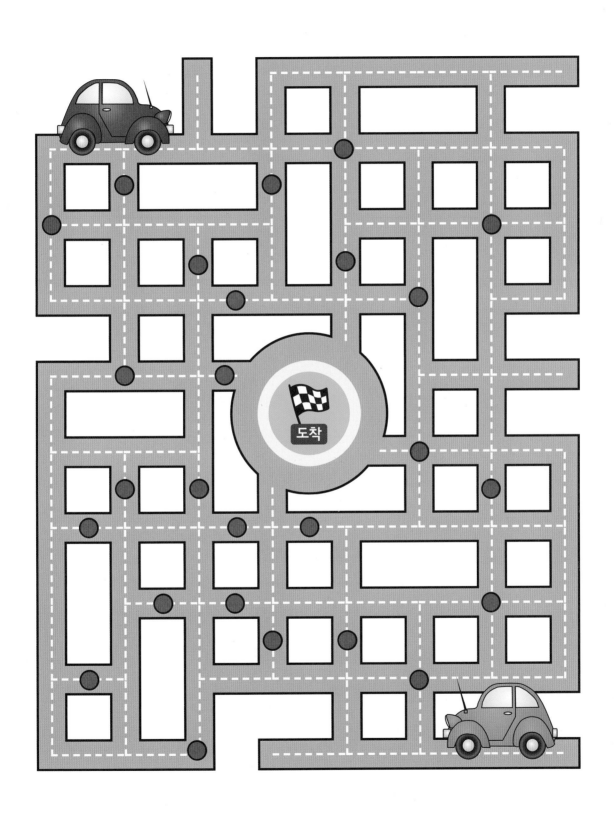

Chapter 2 The Sea

지구의 지표면의 70%를 차지하고 있는 것은 무엇일까요? 우리가 매일 먹는 음식에 꼭 필요한 소금이 나오는 곳은? 버려진 플라스틱이 잘게 쪼개져서 잔뜩 쌓여있는 곳은? 정답은 모두 '바다'입니다! 더 자세한 이야기가 궁금한가요? 이번 Chapter에서 하나씩 확인해봅시다.

Chapter Q   Do you like the sea?

Life in a Fishing Village

Main Words QR코드를 이용하여 단어를 듣고, 따라 읽으며 한 번씩 써보세요.

fishing village 어촌

fishing village

fisherman 어부

fisherman

farmer 농부

farmer

fish 물고기

fish

fish farm 양식장

fish farm

More Words QR코드를 이용하여 단어를 듣고, 따라 읽으며 한 번씩 써보세요.

catch 잡다

catch

raise 올리다; *기르다

raise

vegetable 채소

vegetable

restaurant 식당

restaurant

beach 해변

beach

Word Check

Main Words 선들을 따라 잇고, 각 그림에 알맞은 영어 단어를 써보세요.

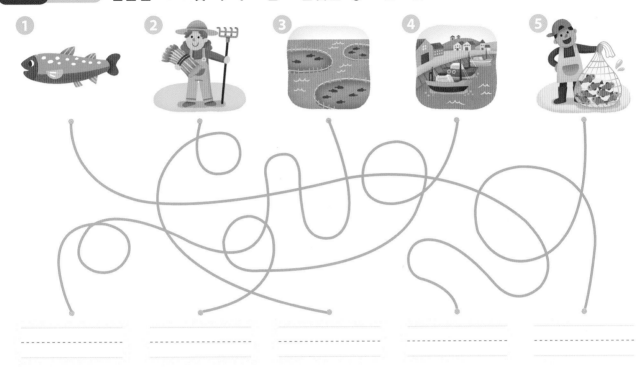

```
1          2          3          4          5
```

- - - - - - -   - - - - - - -   - - - - - - -   - - - - - - -   - - - - - - -

More Words 각 단어들을 퍼즐에서 찾아 동그라미 치고, 단어를 나타내는 그림 스티커를 붙이세요.

1 beach

2 raise

```
Stick
```

3 catch

```
Stick
```

v	b	e	a	c	h	r
e	a	v	i	b	v	e
g	i	e	s	g	e	s
b	k	g	e	h	v	t
a	i	e	c	t	u	a
t	r	t	s	u	p	u
b	a	a	l	c	s	r
c	e	b	i	n	k	a
y	o	l	m	s	i	n
r	s	e	t	b	e	t

4 restaurant

```
Stick
```

5 vegetable

```
Stick
```

지문을 듣고
따라 읽어보세요.

Life in a Fishing Village

This is a fishing village.

It is near the sea.

What do people do here?

You can find many fishermen and farmers here.

Fishermen catch fish on boats.

Pattern Check

위 글에서 아래 패턴을 찾아 □ 표시하세요.

You can find ~.
당신은 ~을[를] 찾을 수 있습니다.

아래 예문을 큰 소리로 따라 읽어보세요.

You can find him.
당신은 그를 찾을 수 있습니다.

You can find a hospital there.
당신은 저곳에서 병원을 찾을 수 있습니다.

Some fishermen raise fish on fish farms.
And farmers grow vegetables.

The fishing village has fish markets too.
You can buy fresh fish there.

You can find restaurants and hotels by the beach.
People have a great time there.

어촌에 가면 염전도 있고, 시장도 있고~

어촌 사람들이 바다에서 고기를 잡거나 양식만 하는 것은 아니에요. 일부 사람들은 농사를 짓거나 염전에서 소금도 만든답니다. 수산시장에는 얼음을 팔거나, 해산물을 경매하는 사람들도 있어요. 갯벌이 발달한 곳에서는 관광객들에게 조개 캐기 체험 행사를 진행하기도 해요. 또한 어촌 마을과 바다 주변을 항상 보호하는 해양 경찰도 있답니다.

1 무엇에 관한 이야기인가요?

① fishermen and farmers　　**②** a fishing village　　**③** a fish market

2 문장을 읽고 맞으면 O, <u>틀리면</u> X에 ∨ 표시하세요.

	O	X
ⓐ A fishing village is near the sea.	☐	☐
ⓑ There are fish markets in a fishing village.	☐	☐

Graphic Organizer 보기에서 알맞은 말을 골라 빈칸을 완성하세요.

보기　fish markets　　vegetables　　catch　　restaurants

In a fishing village ...

- Fishermen ＿＿＿＿＿ or raise fish.
- Farmers grow ＿＿＿＿＿.
- You can buy fresh fish at ＿＿＿＿＿.
- There are ＿＿＿＿＿ and hotels by the beach.

46

Brain Power

흥미로운 미션을 풀고
코딩을 위한 **사고력**도 길러보세요!

아래 **힌트**와 같이, 1부터 5까지 순서대로 각 숫자만큼 칸을 이동하여 알파벳을 연결하세요. 그리고 그 알파벳으로 단어를 완성하고 뜻도 써보세요.

선은 서로 겹칠 수 없어요.

힌트

h		2	4
			e
b	1		
		5	c
a			3

단어: beach
뜻: 해변

a

		3	1
	2		c
a	c		
4		t	5
		h	

단어:
뜻:

b

s		3	
2		4	i
	a	e	
	1	5	
r			

단어:
뜻:

아래는 어느 어촌 사람들의 직업을 조사한 표입니다. 아래 설명을 읽고 표에 알맞은 스티커를 붙여 보세요.

NE Village has 30 people.

There are 22 fishermen.

There are 13 farmers.

5 people are fishermen and also farmers!

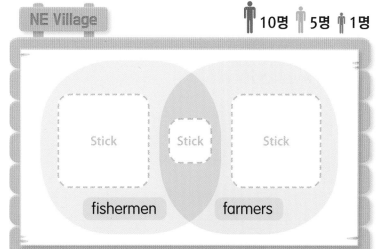

NE Village

👤10명 👤5명 👤1명

Stick   Stick   Stick

fishermen   farmers

UNIT 02

과학

A Story of the Sea

Main Words QR코드를 이용하여 단어를 듣고, 따라 읽으며 한 번씩 써보세요.

seawater 바닷물

seawater

salt 소금 참고 **salty** (맛이) 짠

salt

river 강

river

wave 파도

wave

shore 해변

shore

sand 모래

sand

More Words QR코드를 이용하여 단어를 듣고, 따라 읽으며 한 번씩 써보세요.

introduce 소개하다

introduce

flow 흐르다

flow

blow (바람이) 불다

blow

pull 당기다

pull

Word Check

Main Words 그림을 보고 빈칸에 알맞은 알파벳을 보기 에서 골라 단어를 완성하고, 알맞은 뜻의 스티커를 붙여 보세요.

보기 　a　r　l　s　h　t　v　d　w　n

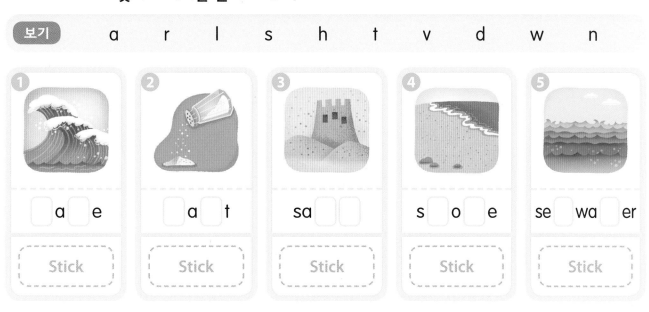

1. ☐ a ☐ e — Stick
2. ☐ a ☐ t — Stick
3. s a ☐ ☐ — Stick
4. s ☐ o ☐ e — Stick
5. s e ☐ wa ☐ er — Stick

More Words 각 그림에 맞는 단어와 뜻을 연결해 보세요.

| pull | blow | introduce | flow |

| 흐르다 | 소개하다 | 당기다 | (바람이) 불다 |

지문을 듣고
따라 읽어보세요.

Seawater and Its Friends

I'm seawater.

I will introduce my friends.

This is salt.

I live with it, so I'm very salty.

Pattern Check

위 글에서 아래 패턴을 찾아 ☐ 표시하세요.

I move toward ~.
저는 ~ (쪽으)로 이동합니다.

아래 예문을 큰 소리로 따라 읽어보세요.

I move toward the sea.
저는 바다로 이동합니다.

I move toward the mountain.
저는 산 쪽으로 이동합니다.

The rivers are my friends too.

They flow into me, so we become the sea.

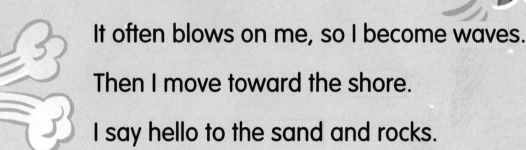

This is wind.

It often blows on me, so I become waves.

Then I move toward the shore.

I say hello to the sand and rocks.

The sun and the moon are my friends too.

They pull me every day, so I move toward them.

 달, 태양 그리고 지구의 보이지 않는 줄다리기
바다에서 '밀물'과 '썰물'은 왜 일어날까요? 바로 달과 태양이 지구를 끌어당기는 힘과,
지구가 자전과 공전을 하며 생기는 힘 때문이에요. 이러한 힘이 바닷물을 한쪽으로 몰아
해수면의 높이가 달라져요. 달이 태양보다 질량은 작지만, 지구에게 태양보다는 달이 더
영향이 크답니다. 왜냐구요? 그 이유는 달이 지구에 더 가깝게 있기 때문이에요.

Story Check

1 무엇에 관한 이야기인가요?

1 salty seawater　　　**2** the sun and the moon　　　**3** seawater's friends

2 문장을 읽고 맞으면 O, <u>틀리면</u> X에 ∨ 표시하세요.

a Seawater is very salty.

b The sun and the moon pull seawater.

Graphic Organizer 보기에서 알맞은 말을 골라 빈칸을 완성하세요.

보기　　waves　　pull　　salt　　flow

1 seawater — I live with _____.

2 river — I _____ into seawater.

3 wind — I blow. And seawater becomes _____.

4 the sun — I _____ seawater every day.

52

QR 찍고 힌트 보기

Brain Power

흥미로운 미션을 풀고
코딩을 위한 **사고력**도 길러보세요!

---

 1 절차적 사고력

❶~❸에서 알파벳 변화 규칙을 찾아 ❹와 ❺의 빈칸을 완성하세요. 그리고
마지막 ❺에 나온 단어의 뜻도 써보세요.

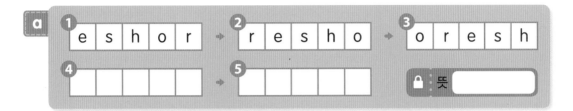

a
❶ e s h o r → ❷ r e s h o → ❸ o r e s h
❹ [ ][ ][ ][ ][ ] → ❺ [ ][ ][ ][ ][ ]   🔒 뜻 [   ]

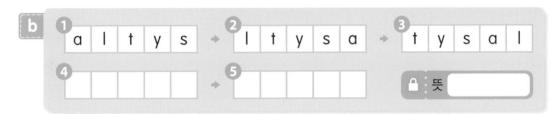

b
❶ a l t y s → ❷ l t y s a → ❸ t y s a l
❹ [ ][ ][ ][ ][ ] → ❺ [ ][ ][ ][ ][ ]   🔒 뜻 [   ]

 **2 문제 해결력**

두 학생이 가위바위보 게임을 하고 있어요. 게임에서 이기면 맞는 문장을 모두
갖고, 비기면 맞는 문장을 하나씩 나눠 갖고 지면 틀린 문장을 모두 갖습니다.
알맞은 스티커를 붙여 게임 결과를 완성해보세요.

A Seawater moves toward the sun.   **B** Seawater pulls the moon.

C Sand and rocks become waves.   **D** Rivers are seawater's friends.

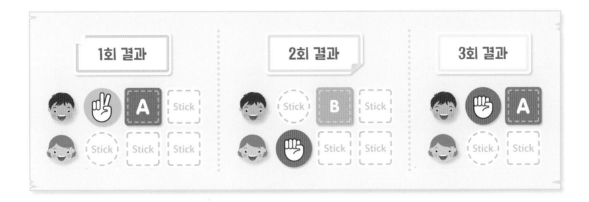

1회 결과   2회 결과   3회 결과

UNIT **03** 미술

A Painting of the Sea

Main Words QR코드를 이용하여 단어를 듣고, 따라 읽으며 한 번씩 써보세요.

color 색깔; *색칠하다

color

sky blue 하늘색

sky blue

cut 자르다

cut

white 흰색

white

stick 붙이다 참고 **stuck** stick의 과거형

stick

painting 그림

painting

More Words QR코드를 이용하여 단어를 듣고, 따라 읽으며 한 번씩 써보세요.

travel 여행하다

travel

island 섬

island

seaweed 해초

seaweed

jellyfish 해파리

jellyfish

54

Word Check

Main Words 선들을 따라 잇고, 각 그림에 알맞은 영어 단어를 써보세요.

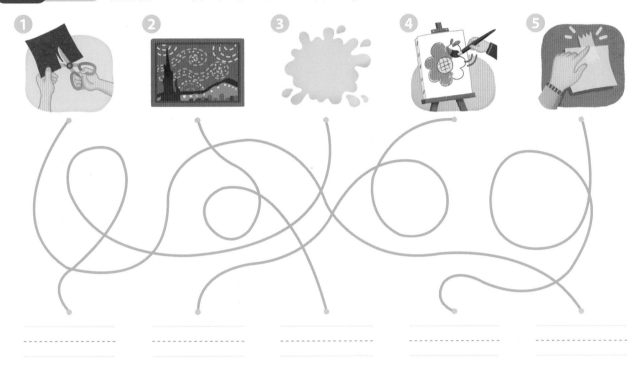

More Words 각 단어들을 퍼즐에서 찾아 동그라미 치고, 단어를 나타내는 그림 스티커를 붙이세요.

1 island

2 travel

Stick

a	i	l	a	n	d	w	j
w	t	i	f	s	f	e	e
e	r	s	a	y	l	v	l
e	a	l	y	w	n	i	l
s	e	a	w	e	e	d	y
j	i	n	j	r	y	f	f
t	s	d	d	a	f	i	i
s	e	a	w	i	e	l	s
t	r	a	v	e	l	y	h

3 jellyfish

Stick

4 seaweed

Stick

지문을 듣고
따라 읽어보세요.

A Painting of the Sea

Henri Matisse was an artist.
앙리   마티스

He traveled to the island of Tahiti.
타히티

He liked the sea around the island.

So he made an artwork of it.

He colored the paper.

He used blue and sky blue.

The two colors look like the sea.

Pattern Check

위 글에서 아래 패턴을 찾아 □ 표시하세요.

He made ~.
그는 ~을[를] 만들었습니다.

아래 예문을 큰 소리로 따라 읽어보세요.

He made soup for dinner.
그는 저녁으로 수프를 만들었습니다.
He made a birthday card.
그는 생일 카드를 만들었습니다.

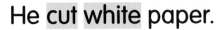

He cut white paper.

And he made seaweed, fish, jellyfish, and birds.

He stuck them on the painting.

The title is *Polynesia, the Sea.*
폴리네시아

붓 대신 가위를 든 열정 화가, 앙리 마티스
앙리 마티스는 프랑스의 화가예요. 그는 1941년에 큰 수술을 받고 건강이 나빠져 붓으로
그림을 그리기가 어려웠어요. 그래서 색칠한 종이를 오려 붙이는 '절지 과슈' 방식으로
작품을 만들었답니다. 이야기에서 소개하는 <폴리네시아, 바다>가 바로 그림에 종이를
붙여 만든 작품 중 하나입니다. 아픔도 이겨낸 그의 예술을 향한 열정이 느껴지나요?

1 무엇에 관한 이야기인가요?

① the island of Tahiti   **②** Matisse's artwork   **③** fish and birds

2 문장을 읽고 맞으면 O, <u>틀리면</u> X에 ∨ 표시하세요.

	O	X
ⓐ Matisse used blue, white, and green.	☐	☐
ⓑ Matisse made fish and birds with white paper.	☐	☐

Graphic Organizer 보기에서 알맞은 말을 골라 빈칸을 완성하세요.

보기   colored   cut   jellyfish   sky blue

Henri Matisse – *Polynesia, the Sea*

How?

He ⬚⬚⬚ the paper.

→ He used blue and ⬚⬚⬚.

He ⬚⬚⬚ white paper.

→ He made seaweed, fish, ⬚⬚⬚, and birds.

58

Brain Power

흥미로운 미션을 풀고
코딩을 위한 **사고력**도 길러보세요!

C B A

1 절차적 사고력

아래 세 카드는 서로 다른 부분이 가려져 있습니다. 세 개의 카드를 겹쳐서 숨겨진 단어들을 모두 찾고 뜻도 함께 써보세요.

c		o
a		
t	i	

+

	o	
	s	l
	d	s
	c	k

+

		l
r	i	
	n	

a 단어: color
뜻:

b 단어:
뜻:

c 단어:
뜻:

2 논리적 사고력

세 명의 아이들은 각각 한 종류의 그림을 한 가지 색으로 그렸습니다. 아래 단서 를 참고하여 표와 빈칸을 완성해보세요.

단서

- 's friend painted birds.
- 's brother painted jellyfish.
- doesn't have a brother.

- didn't use blue.
- 's brother used blue.
- didn't use white.

	birds	fish	jellyfish
	X	X	O

	blue	sky blue	white

a painted ____ . She used ____ .
b painted ____ . She used ____ .
c painted ____ . He used ____ .

UNIT
04
실과

Q Have you seen trash in the sea?　Yes ▢ No ▢

Waste Shark

Main Words QR코드를 이용하여 단어를 듣고, 따라 읽으며 한 번씩 써보세요.

shark 상어

-----shark-----

robot 로봇

-----robot-----

trash 쓰레기

-----trash-----

protect 보호하다

-----protect-----

More Words QR코드를 이용하여 단어를 듣고, 따라 읽으며 한 번씩 써보세요.

survive 살아남다

-----survive-----

scientist 과학자

-----scientist-----

invent 발명하다

-----invent-----

small 작은

-----small-----

piece 조각

-----piece-----

Word Check

Main Words 그림을 보고 빈칸에 알맞은 알파벳을 보기 에서 골라 단어를 완성하고, 알맞은 뜻의 스티커를 붙여 보세요.

보기   b   c   p   h   k   r   s   t

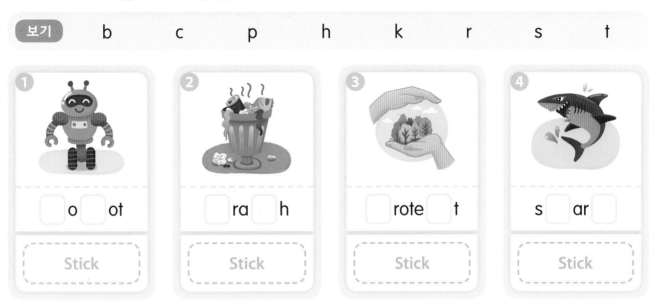

1	2	3	4
☐o☐ot	☐ra☐h	☐rote☐t	s☐ar☐
Stick	Stick	Stick	Stick

More Words 각 그림에 맞는 단어와 뜻을 연결해 보세요.

small	survive	scientist	invent	piece

발명하다	조각	과학자	살아남다	작은

지문을 듣고
따라 읽어보세요.

Waste Shark

Hello. I am a Waste Shark.

I am a robot.

Do I eat fish? No. I eat trash!

People throw trash into the sea.

Fish can't live. Plants can't survive.

So scientists invented me.

Pattern Check

위 글에서 아래 패턴을 찾아 □ 표시하세요.

I eat ~.
저는 ~을[를] 먹습니다.

아래 예문을 큰 소리로 따라 읽어보세요.

I eat pizza every Sunday.
저는 매주 일요일에 피자를 먹습니다.
I eat rice every day.
저는 매일 (쌀)밥을 먹습니다.

I swim around.

I find trash, and then I eat it.

I eat the small pieces too!

But I can't eat everything.

There is a lot of waste!

So I need your help.

Let's protect the sea together!

내가 버린 쓰레기를 결국 내가 먹게 된다니!
바닷속에는 사람들이 버리고 간 쓰레기, 배에서 배출된 쓰레기, 육지에서 흘려 내보낸 하수나 동물의 분뇨 등이 섞여 있어요. 특히 플라스틱은 쉽게 썩지 않고 바다를 떠돌아다니다가, 작은 조각이 되어 바다 깊은 곳에 쌓여요. 바닷속 동식물들은 이런 쓰레기들을 먹이로 생각해요. 결국 그 피해는 생선이나 해조류를 먹는 우리 인간에게로 돌아오게 된답니다.

1 무엇에 관한 이야기인가요?

① fish in the sea   **②** a shark robot   **③** robot pieces

2 문장을 읽고 맞으면 O, 틀리면 X에 ∨ 표시하세요.

	O	X
a The Waste Shark is a fish.	☐	☐
b The Waste Shark eats waste.	☐	☐

Graphic Organizer 보기에서 알맞은 말을 골라 빈칸을 완성하세요.

보기	pieces	trash	swim

A Waste Shark Can ...

➡ _____ around.

➡ find _____, and eat it.

➡ eat small _____.

Brain Power

흥미로운 미션을 풀고
코딩을 위한 사고력도 길러보세요!

절차적 사고력

상자에 있던 알파벳 카드 몇 장이 사라졌습니다. 아래와 같이 사라진 알파벳 카드 개수를 기록하였을 때, 빈칸에 들어갈 알맞은 알파벳을 써보세요.

- r 카드: 2개   ·   ⬜ 카드: 3개   ·   ⬜ 카드: 4개   ·   ⬜ 카드: 5개

문제 해결력

Waste Shark가 출발 지점에서 도착 지점까지 화살표 명령어대로 이동하면서 쓰레기를 수거했습니다. 지도를 보며 빈칸을 완성하고, ⓐ와 ⓑ에 들어갈 숫자도 구하세요.

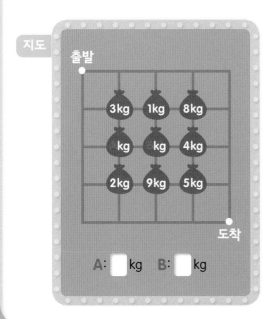

지도

출발

3kg	1kg	8kg
kg	kg	4kg
2kg	9kg	5kg

도착

A: ⬜ kg   B: ⬜ kg

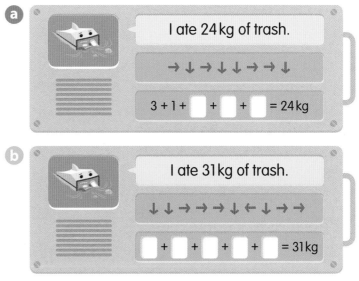

ⓐ I ate 24 kg of trash.

→ ↓ → ↓ ↓ → → ↓

3 + 1 + ⬜ + ⬜ + ⬜ = 24 kg

ⓑ I ate 31 kg of trash.

↓ ↓ → → → ↓ ← ↓ → →

⬜ + ⬜ + ⬜ + ⬜ + ⬜ = 31 kg

Wrap UP!

Unit 01 보기 에서 알맞은 말을 골라 어촌에 대해 설명하는 글의 빈칸을 완성해보세요.

보기	vegetables	fishermen	fish	farmers	boats

1

We are __________. We catch fish on __________.
Some people raise fish on fish farms.

2

We are __________. We grow __________.

3

People can buy fresh __________ at fish markets.

기억이 안 난다면? 42쪽으로 이동하세요.

Unit 02 다음 중 seawater의 친구들이 하는 말을 각각 찾아 알맞게 연결해보세요.

Seawater's Friends

1

2

3

4

I pull seawater.

I blow on seawater.

Seawater and I become the sea.

I make seawater salty.

기억이 안 난다면? 48쪽으로 이동하세요.

Unit 03 각 그림에 알맞은 단어를 완성하기 위해 빈칸에 들어갈 알맞은 알파벳을 보기 에서 찾고 그 뜻도 써보세요.

보기   an   in   av   ic

① paint____g

뜻:

② tr____el

뜻:

③ isl____d

뜻:

④ st____k

뜻:

기억이 안 난다면? 54쪽으로 이동하세요.

Unit 04 각 그림에 알맞은 단어 카드와 뜻 카드를 골라 빈칸에 써보세요.

발명하다   shark   쓰레기   invent   살아남다

survive   trash   ~~과학자~~   상어   ~~scientist~~

① scientist   ②   ③   ④   ⑤

뜻: 과학자   뜻: 뜻: 뜻: 뜻:

기억이 안 난다면? 60쪽으로 이동하세요.

아래 두 그림에서 다른 곳 10개를 찾아보세요.

Chapter 3

Diamonds

여러분은 다이아몬드를 보거나 만져본 적 있나요? 다이아몬드는 매우 단단하고 인기 있는 보석이어서 아주 비싸고, 결혼 예물로 많이 쓰인답니다. 그렇다면 다이아몬드는 얼마나 단단할까요? 그리고 다이아몬드는 왜 그렇게 인기가 있을까요? 이번 Chapter에서 자세히 알아봅시다.

UNIT 01

사회

Why Are Diamonds So Special?

UNIT 02

과학

I Am Stronger Than You

UNIT 03

미술

Diamonds in Cities

UNIT 04

수학

Triangles in a Diamond

Chapter Q   **What do diamonds look like?**

UNIT 01 사회

Q Are diamonds cheap? Yes ☐ No ☐

Why Are Diamonds So Special?

Main Words QR코드를 이용하여 단어를 듣고, 따라 읽으며 한 번씩 써보세요.

jewelry 보석

jewelry

ring 반지

ring

necklace 목걸이

necklace

diamond 다이아몬드

diamond

rare 희귀한

rare

precious 귀중한

precious

More Words QR코드를 이용하여 단어를 듣고, 따라 읽으며 한 번씩 써보세요.

store 가게

store

sell 팔다 참고 **sold** sell의 과거형

sell

stand 서다 참고 **stood** stand의 과거형

stand

line 선; *줄

line

Word Check

Main Words 선들을 따라 잇고, 각 그림에 알맞은 영어 단어를 써보세요.

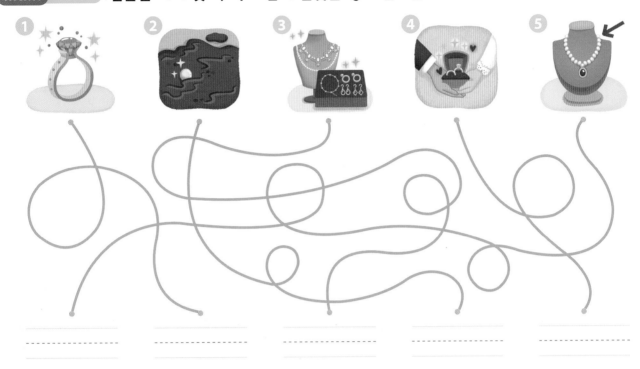

- - - - - - - - - -   - - - - - - - - - -   - - - - - - - - - -   - - - - - - - - - -   - - - - - - - - - -

More Words 각 단어들을 퍼즐에서 찾아 동그라미 치고, 단어를 나타내는 그림 스티커를 붙이세요.

① sell

v	g	d	p	k	s	h
e	f	l	s	e	l	l
z	s	o	r	y	s	n
s	t	o	r	e	e	o
s	a	d	e	p	e	f
p	n	l	i	n	a	l
h	d	o	i	t	o	r
e	w	l	d	a	r	u

③ store

Stick

② line

Stick

④ stand

Stick

지문을 듣고
따라 읽어보세요.

Special Diamond Rings

Tom worked in a jewelry store.

He sold beautiful rings and necklaces.

But his store was not famous.

Not many people visited his store.

One day, he started making diamond rings.

Diamonds were very rare.

So each diamond ring became precious.

Pattern Check

위 글에서 아래 패턴을 찾아 □ 표시하세요.

He started ~ing.
그는 ~하기 시작했습니다.

아래 예문을 큰 소리로 따라 읽어보세요.

He started work**ing**.
그는 일하기 시작했습니다.

He started read**ing** a book.
그는 책을 읽기 시작했습니다.

Soon, he started selling the diamond rings.

Only his store had diamond rings.

Tom's store became very famous.

Many people stood in long lines.

Many people wanted the special rings.

다이아몬드는 왜 비쌀까?

다이아몬드는 가격이 아주 비싸요. 그 이유는 무엇일까요? 많은 사람들이 다이아몬드를 갖고 싶어 하지만 그 양이 매우 적고 구하기 어렵기 때문이에요. 다이아몬드를 언제든지 어느 가게에서나 살 수 있다면 그렇게 비싸진 않겠죠? 이처럼 원하는 사람들은 많지만, 그 자원의 양이 제한되어 있거나 부족할 때 우리는 '희소성(scarcity)이 높다'라고 해요.

1 무엇에 관한 이야기인가요?

① famous people's jewelry

② Tom's precious necklaces

③ special rings from Tom's store

2 문장을 읽고 맞으면 O, <u>틀리면</u> X에 V 표시하세요.

	O	X
ⓐ Many stores sold diamond rings.	☐	☐
ⓑ Many people came to Tom's store for the diamond rings.	☐	☐

Graphic Organizer 보기 에서 알맞은 말을 골라 빈칸을 완성하세요.

보기	diamond	famous	wanted	precious

문제점

• Tom's store was not _____.

해결책

• Tom made _____ rings.

• Only Tom's store had the rings.

결과

• Rare diamond rings became _____.

• Many people _____ the rings.

Brain Power

흥미로운 미션을 풀고 코딩을 위한 **사고력**도 길러보세요!

C B A

어떤 규칙에 따라 두 개의 단어 카드가 한 상자에 들어간다고 합니다. 단서 를 참고하여 빈칸에 알맞은 단어 또는 숫자를 차례대로 써보세요.

단서

1=4

ring	store
뜻: 반지	뜻: 가게

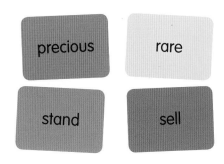

precious rare

stand sell

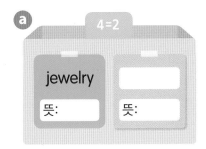

a 4=2

jewelry	
뜻:	뜻:

b 3=2

뜻:	뜻:

c 7=☐

necklace	
뜻:	뜻:

보석상인 Ria는 그날 판매한 다이아몬드 반지의 개수를 달력에 기록하는데, 그중 일부가 지워졌습니다. 숫자가 커지는 규칙을 찾아 빈칸을 채워보세요.

Ria

MON	TUE	WED	THU	FRI	SAT	SUN
1	2	3	⬛	8	⬛	⬛

I sold ☐ diamond rings on **Thursday**.

I sold ☐ diamond rings on **Saturday**.

I sold ☐ diamond rings on **Sunday**.

Q **Which is stronger?** rubber ☐ diamond ☐

I Am Stronger Than You

Main Words QR코드를 이용하여 단어를 듣고, 따라 읽으며 한 번씩 써보세요.

metal 금속

metal

rubber 고무

rubber

stretch 늘어나다

stretch

burn 타다

burn

break 깨다

break

More Words QR코드를 이용하여 단어를 듣고, 따라 읽으며 한 번씩 써보세요.

choose 선택하다

choose

speak 말하다

speak

fire 불

fire

hurt 다치게 하다

hurt

agree 동의하다

agree

Word Check

Main Words 그림을 보고 빈칸에 알맞은 알파벳을 보기에서 골라 단어를 완성하고, 알맞은 뜻의 스티커를 붙여 보세요.

보기 s n c b e m r k u t

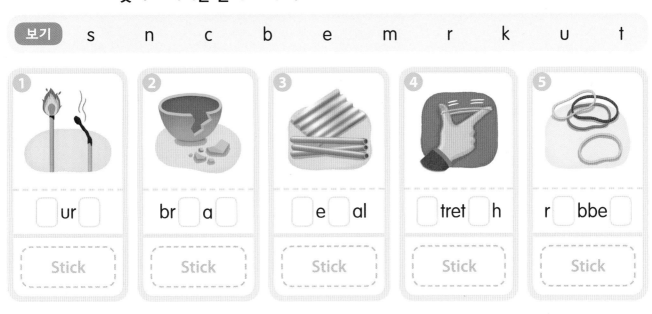

1. ☐ ur ☐   Stick
2. br ☐ a ☐   Stick
3. ☐ e ☐ al   Stick
4. ☐ tret ☐ h   Stick
5. r ☐ bbe ☐   Stick

More Words 각 그림에 맞는 단어와 뜻을 연결해 보세요.

choose   hurt   agree   fire   speak

말하다   선택하다   다치게 하다   불   동의하다

지문을 듣고
따라 읽어보세요.

Who Is the King?

Diamond, metal, wood, and rubber live together.

They will choose a king.

Who will be the king?

Wood speaks to rubber.

"You stretch easily.

I am harder than you.

I should be the king."

Pattern Check

위 글에서 아래 패턴을 찾아 □ 표시하세요.

I am ~er than you.
저는 당신보다 더 ~합니다.

아래 예문을 큰 소리로 따라 읽어보세요.

I am taller than you.
저는 당신보다 더 키가 큽니다.

I am faster than you.
저는 당신보다 더 빠릅니다.

80

Metal speaks to wood.

"You burn easily.

Fire can't hurt me easily.

I am stronger than you.

I should be the king."

Diamond speaks to everyone.

"Nothing can break me.

I am stronger than everyone!"

Everyone agrees.

And diamond becomes the king.

 내가 제일 단단해!

두 물질을 서로 긁어서 긁히지 않는 쪽이 더 단단한 물질이에요. 예를 들어, 손톱으로는 연필심에 흠집을 낼 수 있지만 동전에 흠집을 낼 수 없죠. 따라서 손톱은 연필심보다 단단하고, 동전보다는 약하다고 할 수 있어요. 다이아몬드는 지구에서 자연적으로 생긴 물질 중에 가장 단단하다고 알려집니다. 그래서 어떤 물질로 긁어도 흠집이 나지 않는답니다!

1 무엇에 관한 이야기인가요?

1 burning wood   **2** strong metal   **3** choosing a king

2 문장을 읽고 맞으면 O, 틀리면 X에 V 표시하세요.

	O	X
a Wood is harder than metal.	☐	☐
b Metal is stronger than diamond.	☐	☐

Graphic Organizer 보기 에서 알맞은 말을 골라 빈칸을 완성하세요.

보기	burn	diamond	stretch	wood

I _____ easily.

rubber

I am harder than rubber.
But I _____ easily.

wood

I am stronger than rubber and _____.
But I'm not stronger than _____.

metal

I'm stronger than everyone!

diamond

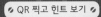

Brain Power

흥미로운 미션을 풀고
코딩을 위한 **사고력**도 길러보세요!

---

1 추상화 사고력 거울 마법사가 영단어를 숫자로 바꾸어 모두에게 혼란을 주고 있습니다.
단서 와 힌트 에서 규칙을 찾고, 빈칸에 알맞은 단어를 써보세요.

단서
SPEAK = 1
CHOOSE = 3

힌트 거울을 글자 옆에
가져다 대보세요.

SPEAK | ƎⱯƎꓘS
↓
1

a RUBBER+ SPEAK + [FIRE] = CHOOSE

b SPEAK + CHOOSE = [   ]

c CHOOSE = [   ] = [   ]

HURT   ~~FIRE~~   STRETCH   DIAMOND

---

2 논리적 사고력 단서 를 참고하여 A~D가 무엇인지 추측한 후 빈칸에 알맞은 스티커를 붙이세요.
그리고 동그라미 안에 부등호(<, >)를 표시하세요.

단서
A is stronger than C.
B is stronger than A and C.
C is not stronger than A, B or D.
D is stronger than A, B, and C.

A
Stick   ◯   **B**
Stick   ◯   **C**
Stick   ◯   **D**
Stick

Stick   Stick   Stick   Stick

Diamonds in Cities

Main Words QR코드를 이용하여 단어를 듣고, 따라 읽으며 한 번씩 써보세요.

architect 건축가

architect

design 디자인, 설계

design

building 건물

building

government building 관공서

government building

sports center 스포츠 센터

sports center

More Words QR코드를 이용하여 단어를 듣고, 따라 읽으며 한 번씩 써보세요.

glass 유리

glass

cover 덮다

cover

whole 모든, 전체의

whole

crown 왕관

crown

crystal 수정

crystal

Main Words 선들을 따라 잇고, 각 그림에 알맞은 영어 단어를 써보세요.

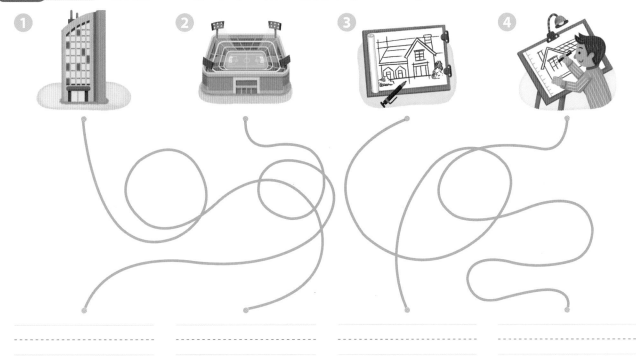

❶   ❷   ❸   ❹

------------------   ------------------   ------------------   ------------------

More Words 각 단어들을 퍼즐에서 찾아 동그라미 치고, 단어를 나타내는 그림 스티커를 붙이세요.

❶ cover

❷ glass

Stick

❸ crown

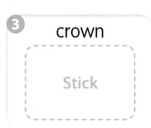

Stick

g	u	b	q	v	c	y
a	l	g	w	e	o	o
j	g	a	l	c	v	h
a	c	o	s	n	e	x
i	h	v	w	s	r	z
w	i	o	b	j	t	n
v	r	x	b	n	s	w
c	r	y	s	t	a	l
d	i	c	r	o	w	m

❹ whole

Stick

❺ crystal

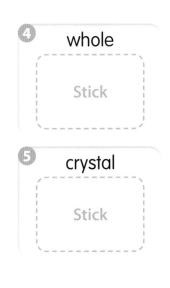

Stick

지문을 듣고
따라 읽어보세요.

Diamonds in Cities

Some architects like the beautiful shapes of diamonds.

So they use diamonds in their designs.

Do they use real diamonds?

No! But their buildings look like diamonds.

Pattern Check

위 글에서 아래 패턴을 찾아 □ 표시하세요.

It is located in ~.

그것은 ~에 있습니다.

아래 예문을 큰 소리로 따라 읽어보세요.

It is located in Seoul.

그것은 서울에 있습니다.

It is located in Korea.

그것은 한국에 있습니다.

This building is a government building.

It is located in Spain.

Glass covers the whole building.

So you can look at the city from inside.

<스페인 바스크 위생국 본사>

This building is a sports center.

It is located in China.

It looks like a big crown or a crystal.

Isn't it beautiful?

<선전 유니버시아드 스포츠 센터>

다이아몬드는 땅속에만 있는 게 아니라구!

스페인 바스크 위생국 본사는 다이아몬드 모양을 한 건축물 중 하나입니다. 겉면이 유리로 되어 있어 빛을 반사하는 정도에 따라 거리의 모습이 다르게 비치는 게 매력입니다.

선전 유니버시아드 스포츠 센터는 2011년 중국 하계 유니버시아드 대회를 위해 지어진 건물이에요. 다이아몬드 형태의 디자인은 경기장 주변의 자연환경에 영감을 받았다고 해요.

Story Check

1 무엇에 관한 이야기인가요?

❶ real diamonds in buildings   ❷ diamond shapes in buildings

❸ beautiful diamonds in China

2 문장을 읽고 맞으면 O, <u>틀리면</u> X에 V 표시하세요.

	O	X
ⓐ Some architects use diamonds in their designs.	☐	☐
ⓑ The sports center in China looks like a crystal.	☐	☐

Graphic Organizer   보기 에서 알맞은 말을 골라 빈칸을 완성하세요.

보기   glass   sports center   crown   government

Diamonds in Cities

❶

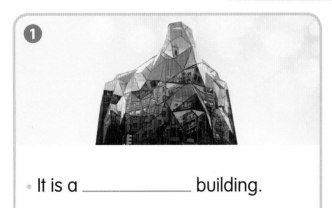

- It is a _____ building.
- _____ covers the whole building.

❷

- It is a _____.
- It looks like a big _____ or a crystal.

88

Brain Power

흥미로운 미션을 풀고
코딩을 위한 **사고력**도 길러보세요!

① 문제 해결력 **힌트**와 같이 그림에 맞는 단어를 쓴 뒤 아래 표에서 단어를 찾아보세요. 그 단어를 둘러쌀 수 있도록 출발점을 찍고 숫자만큼 화살표 방향으로 이동하여 선을 그어보세요. (단, 선은 항상 출발점에서 끝나야 합니다.)

힌트

whole

↓	←	↓	←	↑	→
2	1	1	1	3	2

k	e	w	s
c	l	h	n
b	o	r	w

ⓐ

↓	←	↑	↓	↓	←
1	2	2	3	1	1

e	s	l	w
o	a	s	s
c	l	g	n

ⓑ

←	↓	←	↓	↑
2	1	1	2	3

w	c	o	c
u	e	v	t
y	r	l	b

② 절차적 사고력 미로를 빠져나가기 위해서는 그림 카드를 먼저 찾고, 그와 관련된 단어 카드를 모두 수집해야 합니다. 아래 **조건**을 참고하여 길을 표시해보세요.

조건 회색 방을 제외하고 **모든 방을 한 번씩 지나야** 합니다.

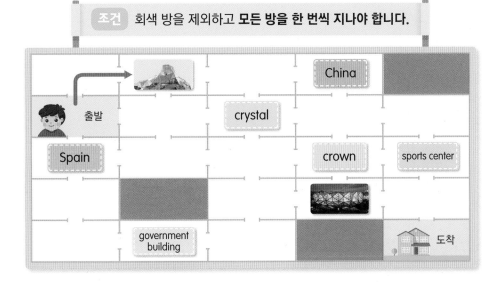

Triangles in a Diamond

Main Words QR코드를 이용하여 단어를 듣고, 따라 읽으며 한 번씩 써보세요.

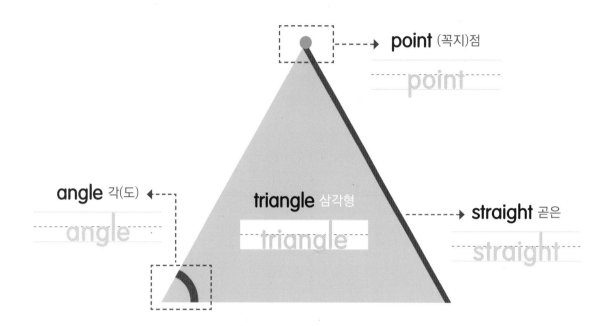

point (꼭지)점

point

angle 각(도)

angle

triangle 삼각형

triangle

straight 곧은

straight

More Words QR코드를 이용하여 단어를 듣고, 따라 읽으며 한 번씩 써보세요.

wide 넓게; *크게

wide

hidden 숨겨진

hidden

put ~ together ~을 모으다

put together

larger 더 큰

larger

Main **Words** 그림을 보고 빈칸에 알맞은 알파벳을 보기 에서 골라 단어를 완성하고, 알맞은 뜻의 스티커를 붙여 보세요.

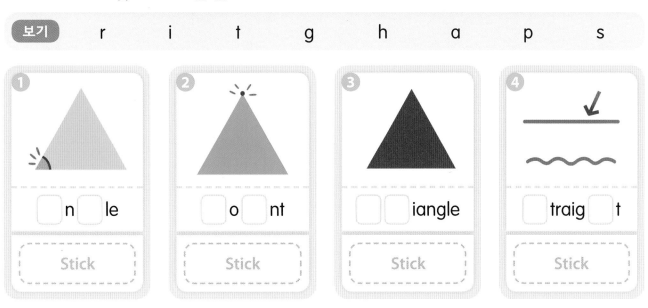

보기   r   i   t   g   h   a   p   s

1 ☐ n ☐ le

Stick

2 ☐ o ☐ nt

Stick

3 ☐ ☐ iangle

Stick

4 ☐ traig ☐ t

Stick

More **Words** 각 그림에 맞는 단어와 뜻을 연결해 보세요.

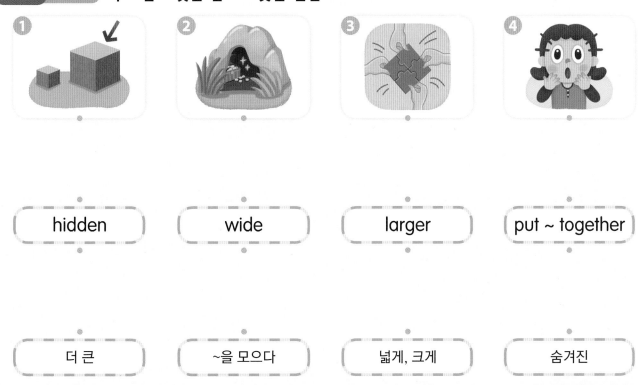

hidden   wide   larger   put ~ together

더 큰   ~을 모으다   넓게, 크게   숨겨진

지문을 듣고
따라 읽어보세요.

Triangles in a Diamond

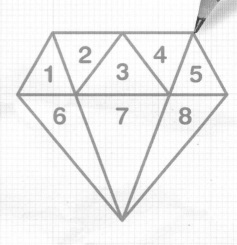

Look at this diamond.

It is made of small triangles.

What is a triangle?

A triangle has three straight lines, three angles,

and three points.

This diamond is made of eight small triangles.

Pattern Check

위 글에서 아래 패턴을 찾아 □ 표시하세요.

A is made of B.

A는 B로 구성되었습니다[만들어졌습니다].

아래 예문을 큰 소리로 따라 읽어보세요.

This building **is made of** blocks.

이 건물은 블록들로 구성되었습니다.

This table **is made of** wood.

이 탁자는 나무로 만들어졌습니다.

Open your eyes wide.

Can you see more hidden triangles?

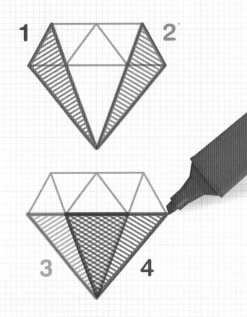

First, put two small triangles together.

There are four more triangles.

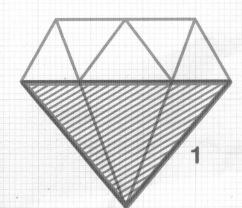

And put three small triangles together.

They make one larger triangle.

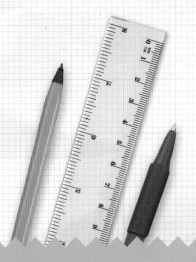

This diamond has fourteen triangles in all.

Can you find one more hidden triangle?

 점과 선이 있다고 모두 삼각형이 되는 건 아냐!
세 개의 점만 있으면 다 삼각형일까요? 점이 세 개가 있더라도 세 점이 모두 일직선 위에 있지 않아야 삼각형이 된답니다. 그럼 세 개의 선만 있으면 삼각형이 될까요? 선들이 서로 떨어져 있거나, 교차하거나 또는 곧은 선이 아닌 곡선이라면 삼각형이 될 수 없어요. 또한 이와 같은 삼각형의 안에 있는 세 개의 각을 모두 더하면 180°가 된답니다.

Story Check

1 무엇에 관한 이야기인가요?

❶ different kinds of triangles ⠀⠀⠀⠀**❷** finding triangles in a diamond

❸ drawing diamonds

2 문장을 읽고 맞으면 O, <u>틀리면</u> X에 ∨ 표시하세요.

	O	X
ⓐ A triangle has three straight lines and two angles.	☐	☐
ⓑ We can draw a diamond with triangles.	☐	☐

Graphic Organizer 보기 에서 알맞은 말을 골라 빈칸을 완성하세요.

보기⠀⠀⠀⠀one⠀⠀⠀⠀⠀⠀⠀⠀four⠀⠀⠀⠀⠀⠀⠀⠀one

Put two small triangles together.
There are four triangles.

Put three small triangles together.
There is _____ triangle.

직접 삼각형을 찾아 그려 보세요.

Put _____ small triangles together.
There is _____ triangle.

94

Brain Power

흥미로운 미션을 풀고
코딩을 위한 사고력도 길러보세요!

1 절차적 사고력

알파벳을 triangle 모양으로 연결하면 그림에 맞는 단어를 찾을 수 있습니다.
단서와 같이 단어를 찾고, 그 뜻도 써보세요.

단서

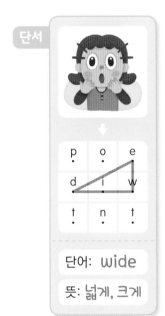

p	o	e
d	i	w
t	n	t

단어: wide

뜻: 넓게, 크게

ⓐ

d	e	n
d	h	d
i	e	t

단어:

뜻:

ⓑ

i	g	r	a
l	w	e	l
a	r	g	r

단어:

뜻:

2 창의적 사고력

엄마가 아래의 쪽지를 남기고 외출하셨습니다. 쪽지의 미션을 해결해보세요.

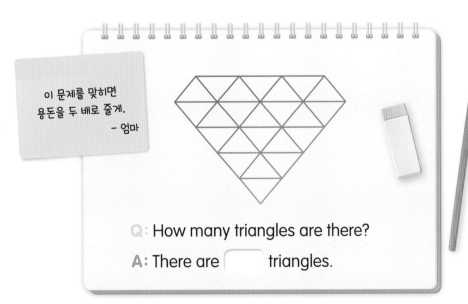

이 문제를 맞히면
용돈을 두 배로 줄게.
– 엄마

Q: How many triangles are there?

A: There are ☐ triangles.

Wrap UP!

Unit 01 그림에 맞도록 주어진 알파벳을 바르게 배열하여 단어를 완성하세요.

①  nrgi

ring

②  tsoer

_____

③  sntda

_____

④  puecrios

_____

⑤  elckcaen

_____

기억이 안 난다면? 72쪽으로 이동하세요.

Unit 02 다음 질문에 관한 알맞은 답을 고르세요.

Q. Who is the king?

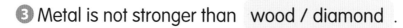

① Metal / Rubber is not harder than wood.

② Wood / Diamond burns easily in fire.

③ Metal is not stronger than wood / diamond .

④ Diamond / Wood is stronger than everyone.

⑤ So rubber / wood / metal / diamond is the king.

기억이 안 난다면? 78쪽으로 이동하세요.

Unit 03 아래 각 건물에 관한 알맞은 설명을 찾아 바르게 연결해보세요.

- It is located in China.
- It is a government building.
- Architects used diamonds in their designs.
- It looks like a big crown.
- It is located in Spain.

기억이 안 난다면? 84쪽으로 이동하세요.

Unit 04 다음 그림에 맞게 빈칸에 알맞은 알파벳을 골라 쓰고, 그 뜻도 써보세요.

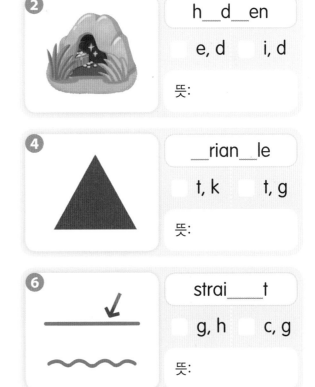

1 w i d e ✓ w, d ☐ w, t 뜻: 넓게, 크게

2 h__d__en ☐ e, d ☐ i, d 뜻:

3 p__i__t ☐ u, n ☐ o, n 뜻:

4 __rian__le ☐ t, k ☐ t, g 뜻:

5 la____er ☐ r, j ☐ r, g 뜻:

6 strai____t ☐ g, h ☐ c, g 뜻:

기억이 안 난다면? 90쪽으로 이동하세요.

아래 8개의 그림 중 같은 두 개의 그림을 골라 보세요.

Photo Credits

지은이

NE능률 영어교육연구소

NE능률 영어교육연구소는 혁신적이며 효율적인 영어 교재를 개발하고
영어 학습의 질을 한 단계 높이고자 노력하는 NE능률의 연구조직입니다.

초등영어 리딩이 된다 Basic 3

펴 낸 이	주민홍
펴 낸 곳	서울특별시 마포구 월드컵북로 396(상암동) 누리꿈스퀘어 비즈니스타워 10층
	㈜NE능률 (우편번호 03925)
펴 낸 날	2019년 1월 5일 초판 제1쇄
	2024년 2월 15일 제10쇄
전 화	02 2014 7114
팩 스	02 3142 0356
홈 페 이 지	www.neungyule.com
등 록 번 호	제1-68호
I S B N	979-11-253-2499-7
정 가	14,000원

NE 능률

고객센터

교재 내용 문의 : contact.nebooks.co.kr (별도의 가입 절차 없이 작성 가능)
제품 구매, 교환, 불량, 반품 문의 : 02-2014-7114
☎ 전화문의는 본사 업무시간 중에만 가능합니다.

Ch1 UNIT 01 How We Travel

13쪽

Ch1 UNIT 02 Move like Animals

19쪽   특징   따라하다   독수리   구부러진

23쪽

Ch1 UNIT 03 Riding a Bike Safely

25쪽

Ch1 UNIT 04 Going to the Library

31쪽   여행, 여정   미터   시간   분

Ch2 UNIT 01 Life in a Fishing Village

43쪽

47쪽

Ch2 UNIT 02 A Story of the Sea

49쪽   바닷물   소금   파도   해변   모래

53쪽

Ch2 UNIT 03 A Painting of the Sea

55쪽

Ch2 UNIT 04 Waste Shark

61쪽 상어 로봇 쓰레기 보호하다

Ch3 UNIT 01 Why Are Diamonds So Special?

73쪽

Ch3 UNIT 02 I Am Stronger Than You

79쪽 금속 고무 늘어나다 타다 깨다

83쪽    metal rubber diamond wood

Ch3 UNIT 03 Diamonds in Cities

85쪽

Ch3 UNIT 04 Triangles in a Diamond

91쪽 삼각형 각(도) (꼭지)점 곧은